JN121595

見て目がいやてる

オシャレのひみつ

―――― わたしを楽しむコーデブック ――――

aya.m

扶桑社

街で目がいく人の

オシャレのひみつ

── わたしを楽しむコーデブック ──

aya.m

… はじめに …

私は、学生時代からファッション誌が大好きでした。

いろんなおしゃれを見るのが楽しくて、月に3〜4冊買っていたことも。

ある日、「自分の好みだけで埋め尽くされた1冊を作りたい!」と思い立ち、

買いためた雑誌からお気に入りコーデだけをスクラップし始め、

いつしかそれは心がウキウキする趣味の一つになりました。

そしてどんどん溜まっていくスクラップノートを見返すうちに

「せっかくなら自分にとってもっと楽しい形で残していきたいな。

そうだ、絵に描こう。絵で残そう」と、描き始めたのが全ての始まり。

幼い頃から絵を描くのが大好きだった私は、これもまた趣味として始めたのでした。

社会人になってもおしゃれさんを眺めることは好きなままで、そのうち街の人に興味がいくように。

雑誌に載っていなくても、私が住んでいる広島にも素敵な人がたくさんいる!

とイラストに描き起こすうちに、「描こうと思う人と思わない人がいる。

一瞬で記憶に残る人ってどんな人なんだろう?

何が違うんだろう?」と、そのひみつを探ってみたのがこの本です。

完全に私の趣味の延長なんですが(笑)、

昔からずっと変わらない私の"あ、好き!!"の感覚が、

誰かの「私のおしゃれを楽しみたい」という気持ちの

ちょっとした手助けになればうれしいです。

街で目がいく人の

オシャレのひみつ

———— わたしを楽しむコーデブック ————

002

はじめに

008

Street in SPRING

028

街で目がいく人のひみつのルール1

- 色使いの天才 -

030

赤とデニム それだけでワクワクしちゃう

034

Street in SUMMER

054

街で目がいく人のひみつのルール 2

- ヘアは全体のまとめ役 -

056

街で目がいく人のひみつのルール 3

- 差がつくのは小物使い -

058

夏フェスにいたあの子……♥

060

雨でも輝いています

062

ストリートのメンズたち

068

Street in AUTUMN

086

街で目がいく人のひみつのルール 4

- 自分のサイズをわかってる -

088

街で目がいく人のひみつのルール 5

- 大事なのは、楽しむ気持ち -

090

コロナの自粛中 ワンマイルでも目がいった人

094

Street in WINTER

112

ぬくもりのブラウンに包まれる

114

ブラックのインパクトって

116

ストリートのシニアさまのように奔放に……！

122

わたしについて

126

おわりに

Street in

SPRING

(April) (May) (June)

日本の"四季"って好きなんです。
春夏秋冬、その季節にしか楽しめないもの、
おしゃれがあるって素敵だと思いません?
春といえば桜、お花見、ピクニック、おべんとう。
寒い冬が過ぎてやってきた季節。
そんな春のイメージはデニムや白ブラウス、そしてカゴバッグ。
なんかやわらかいイメージがするんですよね。
ピンクなどのパステルカラーを目で追ってしまう、
普段は自分ではあまり着ない色なのに。
これってやっぱり"春"っていう空気のおかげですよね。

(*April*)

淡いイエローとプリーツで

上品なカジュアル感

SHOP店員さん。春らしいレモンイエローの
スウェットがめちゃくちゃかわいい！
合わせているプリーツスカートも、黒なんだけど
透け感のある素材で軽い印象。
なるほどこうしたら重たくならないね！
白いスニーカーもさわやか。まさに"春"なコーデ。

ひとつむすび
ふわふわ ロング

イエローの
スウェット

黒の
プリーツ
スカート

白スニーカー

アウトドアっぽいけど
色選びでクリーンな印象

黒髪ボブ

白の
マウンテンパーカー

イエローの
ボーダーロンT

カーキ
パンツ

グレーの
コンバース

黒リュック

これで おしゃれ
カジュアル！レモン
イエローと カーキ、白、
さらにグレー！と
多色使いなのに
全くゴチャつかず、
すべてがお互いを
引き立てているよう。
スニーカーやマウンテン
パーカーなど
カジュアル
アイテムばかり
でも、こんなに
おしゃれコーデに
なるんですね。
色の相性って
大事。

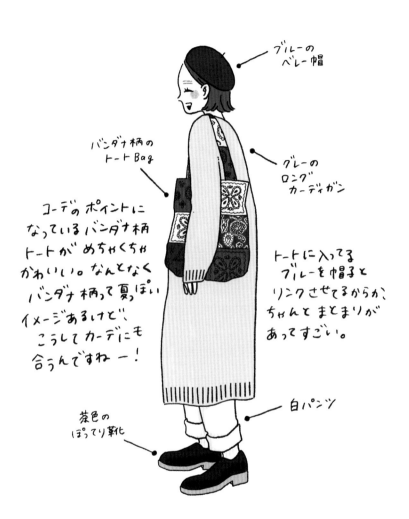

ブルーの
ベレー帽

バンダナ柄の
トートBag

グレーの
ロング
カーディガン

コーデの ポイントに
なっている バンダナ柄
トートが めちゃくちゃ
かわいい。なんとなく
バンダナ柄って夏っぽい
イメージあるけど、
こうして カーデにも
合うんですねー！

トートに入ってる
ブルーを帽子と
リンクさせてるからか、
ちゃんと まとまりが
あってすごい。

茶色の
ぽってり靴

白パンツ

バンダナ柄&ベレー帽の
カルチャーな雰囲気に♡

ゆるパーマの
黒髪ヘア

白のGジャン

白のGジャンが
めちゃくちゃ素敵
でした。ギンガム
チェックのパンツと
モノトーンの組み合わせ、
春らしくてかわいい。
ゆるくパーマが
かかった黒髪も
スタイルにすっごく
似合ってて。まさに
"大人カジュアル"な
スタイル。

黒
トップス

ギンガム
チェック
の
パンツ

白スニーカー

モノトーンで抑えた
ギンガムチェックが新鮮

ジャストサイズって
きちんと感が出るって再認識

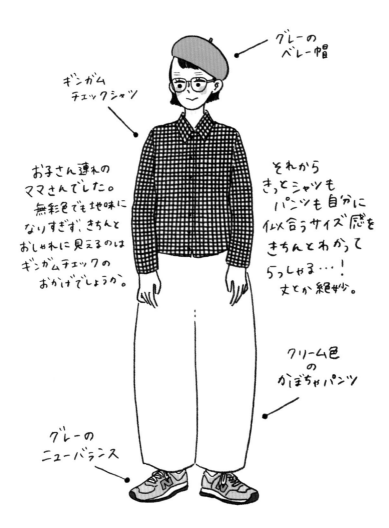

グレーの
ベレー帽

ギンガム
チェックシャツ

お子さん連れの
ママさんでした。
無彩色でも地味に
なりすぎず、きちんと
おしゃれに見えるのは
ギンガムチェックの
おかげでしょうか。

それから
きっとシャツも
パンツも自分に
似合うサイズ感を
きちんとわかって
らっしゃる…！
丈とか絶妙。

クリーム色
の
かぼちゃパンツ

グレーの
ニューバランス

ブルー多めコーデに

寒色アクセサリーって上級すぎ

ネイビーの
ワンピース

編み込みヘアに
深いグリーンの
さんかくゴム
（バレッタ？）

シンプルな
ワンピースコーデ
かと思いきや
足元かわいい！
絶妙な丈の
パンツからのぞく
ボーダーがほど良い
アクセントに。
パンツとスニーカーが
白なぶん、より
引き立ってます。ヘア
アレンジも凝って
いて、シンプル
ながら目を引く
スタイルです。

白トート

白
パンツ

ボーダーソックス
に
白スニーカー

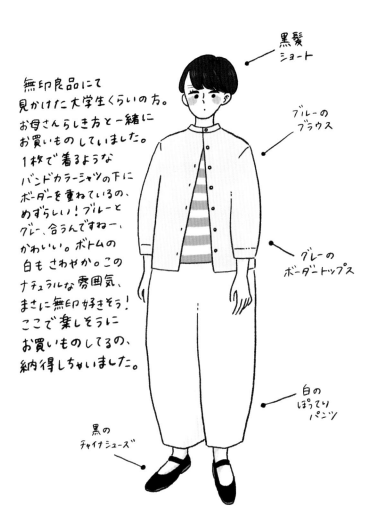

無印良品にて
見かけた大学生くらいの方。
お母さんらしき方と一緒に
お買いものしていました。
1枚で着るような
バンドカラーシャツの下に
ボーダーを重ねているの、
めずらしい！ブルーと
グレー、合うんですねー、
かわいい。ボトムの
白もさわやか。この
ナチュラルな雰囲気、
まさに無印好きそう！
ここで楽しそうに
お買いものしてるの、
納得しちゃいました。

黒髪
ショート

ブルーの
ブラウス

グレーの
ボーダートップス

白の
ぽってり
パンツ

黒の
チャイナシューズ

水色にグレーとホワイト
くすみカラーの多色使い！

(*May*)

シンプルカジュアルに

主張のあるヘアが絶妙です

ロンT + デニム、と組み合わせ自体は
とてもシンプルなのにめちゃくちゃおしゃれ！
ぱっきり赤と、かなり存在感のあるピアスが目立っていたけど
他の小物は黒で統一されているからか、
上手く奇抜すぎないスタイルにまとまってる！
刈り上げたヘアもコーデを一段上げてますね。
かっこいい！素敵な方でした。

黒髪
ショートボブ

赤ボーダー
ロンT

パールが
いっぱいついた
わっかピアス

四角い
黒Bag

濃い色の
デニム

黒バレエ
シューズ

定番だけど小技の効かせ方
がうますぎました

ソトハネ
セミロング

ボーダー
見せ

キャメル
の
てろてろ
シャツワンピ

絶妙な
丈・細さ
の
デニム

コンパクトな
ショルダー
Bag

定番
コンバース

シャツワンピの定番な
スタイルですが、これに
ボーダーを合わせたり、
コンパクトなショルダーBag
などアイテム選びが
お上手。丈といい細さ
といい、これ以上
ベストはないんじゃ
ないか?!と思うくらい、
デニムのサイズ感が
素晴らしかった。
ボーダー×キャメルの
組み合わせって
かわいいですね!

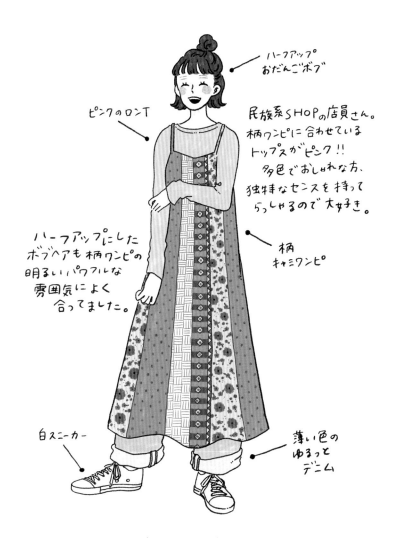

ハーフアップ
おだんごボブ

ピンクのロンT

民族系SHOPの店員さん。
柄ワンピに合わせている
トップスがピンク!!
多色でおしゃれな方。
独特なセンスを持って
らっしゃるので大好き。

ハーフアップにした
ボブヘアも柄ワンピの
明るいパワフルな
雰囲気によく
合ってました。

柄
キャミワンピ

白スニーカー

薄い色の
ゆるっと
デニム

柄にカラーにラフなヘア

力の抜けたセンスに惚れます

(*June*)

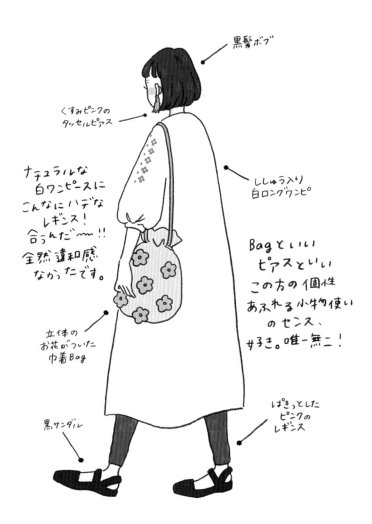

黒髪ボブ

くすみピンクの
タッセルピアス

ししゅう入り
白ロングワンピ

ナチュラルな
白ワンピースに
こんなにハデな
レギンス！
合うんだ〜〜！！
全然違和感
なかったです。

Bagといい
ピアスといい
この方の個性
あふれる小物使い
のセンス、
好き。唯一無二！

立体の
お花がついた
巾着Bag

ぱきっとした
ピンクの
レギンス

黒サンダル

ピンク小物でポイントを
作るかわいさに気づいた

カーキでガーリーアイテム

この発想はなかったです

黒のベレー帽

黒トップス

カーキの
レースガウン

グレーの
コンバース

デニム

待ち合わせ中だったお。
白や黒が多い中、
カーキのレースガウンが
めずらしい！初めて
見たので人通りの多い
場所で特に目を
引きました。
デニムや黒など、
他はありがちな
アイテムのようで、
コンバースがグレーな
ところが「おっ」と
思ったポイント。
合うんですねー！！
タトハネヘアも
かわいい。

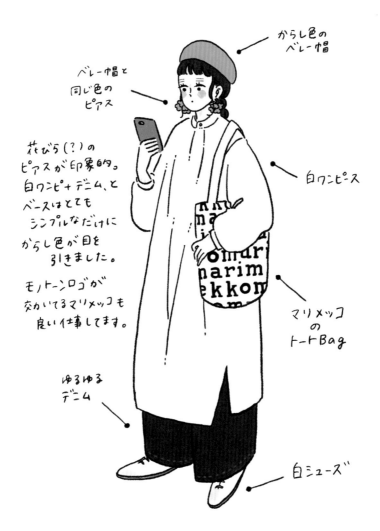

思い切っただぼっとシルエット
が雰囲気にハマってた

からし色の
ベレー帽

ベレー帽と
同じ色の
ピアス

白ワンピース

花びら(?)の
ピアスが印象的。
白ワンピ+デニム、と
ベースはとても
シンプルなだけに
からし色が目を
引きました。

モノトーンロゴが
効いてるマリメッコも
良い仕事してます。

マリメッコ
の
トートBag

ゆるゆる
デニム

白シューズ

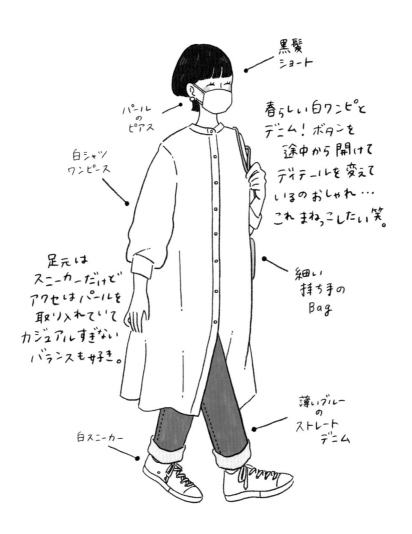

黒髪
ショート

パール
のピアス

白シャツ
ワンピース

足元は
スニーカーだけど
アクセはパールを
取り入れていて
カジュアルすぎない
バランスも好き。

白スニーカー

春らしい白ワンピと
デニム! ボタンを
途中から開けて
ディテールを変えて
いるのおしゃれ…
これまねっこしたい笑。

細い
持ち手の
Bag

薄いブルー
の
ストレート
デニム

さりげないパールや
シャツの開け方に女性らしさ

カラーワンピ×黒小物
———
って最強なコンビな気がする

黒髪
外ハネボブ

ピスタチオグリーン
のワンピース

四角の
黒リュック

黒パンプス

黒パンツ

無印良品にて見かけた方。
ちょこちょこ取り入れてる方は
見かけますが、この広い
面積になるワンピで
ピスタチオグリーンを
着こなしている方
めずらしくて、パッと
目を引きました。髪色も
Bagも靴も黒で、
他に色がないぶん
グリーンが キレイに
映えてて。シンプルに
このグリーン、すごく
良い色だなあ
素敵だなー、と
思わせてくれました。

ショート
ボブ

ボリューム
ブラウス

白のブラウスに
デニム、これぞ春!!
なスタイル。
定番コーデなぶん
サイズ感と
小物で差が。

小さめ
ショルダーBag

ボリュームたっぷりの
トップスにストレートの
デニムが相性ばっちり!
レディな小物使いも
ステキです。

ストレート
デニム

黒パンプス

ブラウスの質感がキレイで
風になびいててかっこよかった

街で目がいく人の
ひみつのルール
Rule 01

color genius!!

色使い

ハーフアップ
ボブ

リブ
タンクトップ

くすみ黄緑
の
シャツ

ベージュ
パンツ

ブラウンサンダル

ベージュが流行っている今、
ワントーンコーデは埋もれが
ち。少しくすんだ黄緑を合わ
せる意外性に目がいきました。

マッシュ
ショート

丸メガネ

グリーン
の
ロゴ
Tシャツ

カラフル
な
小さめ
ショルダーBag

ストライプ
の
リネンパンツ

白スニーカー

街中で目がいくビビッドなグ
リーンを浮かせないアイテム
選びが秀逸。主役を活かすこ
とのできる準主役たちの働き
が光っていました！

の天才

街中で人とすれちがうのは一瞬。その一瞬で「あの人、おしゃれ!」と思わせるのは
やはり色なのかもしれない。チョイスする色だったり、組み合わせだったり。
自分の感覚にはない色の意外な使い方って、目がいくんです!

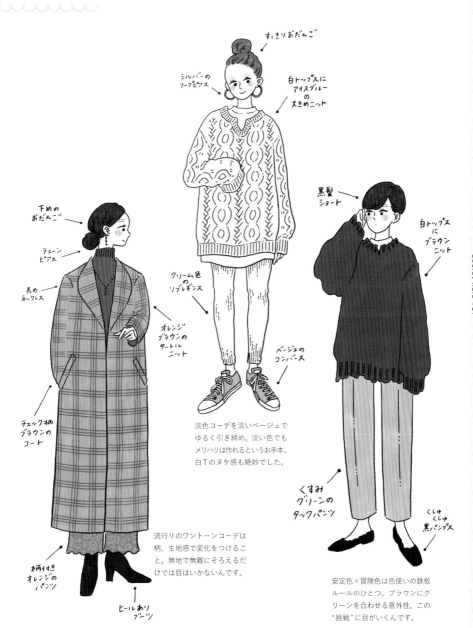

すっきりおだんご

シルバーの
フープピアス

白トップスに
アイスブルー
の
大きめニット

下めの
おだんご

チェーン
ピアス

長め
ネックレス

クリーム色
の
リブレギンス

オレンジ
ブラウンの
タートル
ニット

黒髪
ショート

白トップス
に
ブラウン
ニット

ベージュの
コンバース

チェック柄
ブラウンの
コート

淡色コーデを淡いベージュで
ゆるく引き締め。淡い色でも
メリハリは作れるというお手本。
白Tのヌケ感も絶妙でした。

くすみ
グリーンの
タックパンツ

くしゅ
くしゅ
黒パンプス

柄付き
オレンジの
パンツ

流行りのワントーンコーデは
柄、生地感で変化をつけるこ
と。無地で無難にそろえるだ
けでは目はいかないんです。

ヒールあり
ブーツ

安定色×冒険色は色使いの鉄板
ルールのひとつ。ブラウンにグ
リーンを合わせる意外性、この
"挑戦"に目がいくんです。

赤とデニム

それだけでワクワクしちゃう

私の中で絶対的信頼をおいているこの組み合わせ、大好きなんです。分量が少なくても抜群の存在感を放つ赤をデニムにちょこっと差すだけで、コーディネートが少し洗練された感じがしませんか? この安定感はやみつきです。

みつあみ
ひとつむすび

白
Tシャツ

赤の
ギンガムチェック
シャツ

薄い色の
デニム

白
スニーカー

夏でも着られる薄手ニット、
中でも赤って抜群にかわいい!
ピタッとした女性らしいシルエットを、
オーバーオールに合わせてヘルシーに
着たい。足元はサンダルでもいいね。

おだんご
ヘア

赤の薄手
ニット
トップス

デニム
オーバー
オール

フラットパンプス

赤のギンガムチェックには
こんな風に薄い色のデニムが
合いそう。定番スタイル、
白T+デニムにプラスして
ひと味違うコーデに。
これでピクニックとか
行きたいなぁ。

黒の
キャップ

赤の
キャンバス
トート
Bag

デニム
ワンピース

黒の スリッポン

赤ボーダーなら、もちろん
パンツにデニムを持ってきても
合うけれど、ここはちょっぴり
変化球でデニムコート。
ときたらパンツは白にして
フレンチシックに着たい。

ショート
ヘア

赤の
ボーダートップス

デニム
コート

ボストン
Bag

黒
シューズ

白パンツ

デニムのワンピースなら
さらっと1枚で。赤は
Bagでプラスするのも
かわいい！シンプルながら
デニムも赤も、どちらも
引き立つコーデです。

パーマ
ボブ

グレーの
スウェット

白
ワンピース

薄い
カラー
の
デニム

赤のコンバース

赤はこんなふうに
柄モノで取り入れても
かわいいです！白ニット＋デニム＋
スニーカー、とシンプルにそろえて
赤のチェックを引き立てたい。

おでこ出し
すっきり
おだんご

赤チェック
ストール

白ニット

ベージュ
の
コート

デニム

白の
キャンバス
トート

黒の
コンバース

赤コンバースはとことん
カジュアルに。デニムは薄い
色を選んで軽やかな印象に
したい。万能アイテム、グレーの
スウェットに白ワンピを
重ね着して平凡カジュアルを
格上げ。

COLUMN o1

ハーフアップ
ボブ

白ニット

赤ニット＋デニム、
これだけでこなれた
スタイルに。小物は黒で
統一してスッキリさせたい。
ヘアやアクセにもこだわれば
より洗練された印象に
できます。

おだんご

赤ニット

ストレートめ
デニム

白スニーカー

赤ソックス

黒の
ショルダー
Bag

これはもう、私自身の
定番とも言える大好きな
スタイル。よくします、
この格好。面積は
小さくてもしっかり
ポイントになる赤ソックス
大好きです。

デニム

白ソックス
に
黒の
バレエ
シューズ

Street in

SUMMER

(July) (August) (September)

夏と聞いて真っ先に思い浮かぶのは "島旅" です。
行った先の島で自転車を借りて一日中走り回って
島をめぐる旅が私の夏の恒例行事なんです。
海、花火大会、夏フェスと、
夏は楽しいイベント、行事が目白押しですよね?
しかも浴衣やフェスファッションとシーンに合わせた
おしゃれも楽しめる季節でもあります。
サンダルやペディキュアと足先のおしゃれまで楽しめるのも夏ならでは。
昨年は島旅ができなかったので今年こそは!!
とひそかに願っています。

(*July*)

ホワイトトーンが上手だと

小物合わせが楽しくなりそう

ショッピングモールにて、おひとりで休憩していた方。
ブルー×白が夏らしくさわやか！
タンクトップがクリーム色なのもかわいい。
それからヘアバンド！すっごくステキだったんです。
おデコ全開で、この大さのヘアバンドでおうち感出ないのスゴイ。
Bagがトレンドものだし、
おしゃれ好きな方なんだろうな〜と感じました。

ショートヘア
に
ヘアバンド

クリーム
色の
タンクトップ

ストライプ
シャツワンピース

プリーツ
ショルダー
Bag

黒シューズ

とにかくぴたっとシルエットの
細ボーダーは品がいい!

黒髪
ショートパーマ

カゴ
Bag

ぴたっと
シルエットの
ボーダー
Tシャツ

カジュアル印象が
強いボーダー、
ぴたっとシルエット＆
細ピッチを選べば
品の良いゆるっと
スタイルができる！と
勉強になった方。
麻のパンツや
カゴBagも夏らしくて
好きです。

麻っぽい
パンツ

クロス
サンダル

とあるバンドの
ライブにて見かけた方。
ゆるっとしたパンツに
ぴったりサイズの
どシンプル黒Tシャツ、と
かなりシンプルで
楽ちんスタイル
なのにチェッカー柄
VANSがROCKな
雰囲気をきちんと
プラスしていて
すっごくかわいい！
黒髪ボブもよく
似合ってました。
ライブといえば
スキニーかデニムに
大きめTシャツ、が
定番だった私は
「こんなスタイルも
ありなんだー！」と
目からウロコ
でした！

黒髪ボブ

黒Tシャツ

カーキの
ゆるゆる
パンツ

VANSの
チェッカー
スリッポン

楽なスタイルでの
カーキボトムが目を引きます

雑貨屋さんにて見かけた方。夏らしいマドラスチェックのスカートがかわいい！ジャストサイズっぽい黒Tにおしりのラインなど、全体のシルエットが女生らしくてすごくキレイでした。シンプルながらもひとつひとつのアイテムの質感から、こだわって選んでいるんだろうなあとほれぼれしちゃいました！

黒のベレー帽に
ひとつむすび
ロングヘア

黒のTシャツ

キャメル色の
トートBag

マドラス
チェック
の
ロングスカート

黒のVカット
パンプス

文化系なアイテムだけど
シュッとしている色味が完璧

キレイな開襟シャツに teva の
サンダルを合わせるはずし好き！

編み込み
ひとつ
むすび

ギンガムチェックの
開襟シャツ

くたっとした
カゴBag

ベージュ
パンツ

tevaの
サンダル

開襟シャツがさわやかで
夏らしい！きちんとヘア
アレンジしていたり、季節
アイテムのカゴBagを
持っていたり、カジュアル
サンダルにゆったりした
パンツ、と楽ちんスタイル
ながら手抜き感を
感じないところ、参考に
したいです。ギンガム
チェックとカゴBagの
組み合わせかわいい
ですね！ほっこり優しい
雰囲気になれる気が
します。がんばってます！
感はなく、でもテキトーな
スタイルでもなく。程良い
おしゃれさんです。

(*August*)

黒髪ショート

デニムの
ノースリーブ
トップス

ブラウンの
カゴBag

珍しいデニムの
ノースリーブ！ステキ！
サンダルとBagを
濃いブラウンで
統一していて、
デニムをより
引き立ててました。
色っぽショートも
全体の雰囲気を
底上げしていて、
品のあるデニム
スタイルでした〜。

涼しそうな
ゆるっとパンツ

ブラウンの
ぺたんこ
サンダル

肌見せになるデニムトップス
それだけでドキッとしてしまう

色味と素材が自然を感じる

都会的なリゾートさん

外ハネボブ

Bigサイズの
白Tシャツ

ウッド
ブレスレット

くすみグリーン
の
てろてろパンツ

ぺたんこサンダル

ゆる×ゆるシルエット
に加えて
くすみグリーンが
今時らしい!
こんなにゆるっと
スタイルなのに
おしゃれなのは
小物使いですね。
ウッド素材、グリーンに
よく合う!

ビーズBag

さらっと着こなす黒ワンピ

アクセントのパールピアスが素敵

ベリー
ショート

黒の
ワンピース

パールが
いっぱい
ついたピアス

おそらく 40代
くらいの方。
細身で、ベリー
ショートが とっっても
似合ってました。
足元は ヒールでは
なく スニーカーなのに
すごく品があって。
シンプルな服に
小物を ひとさじ、
目指したい
スタイルです。

カゴ
Bag

白
スニーカー

黒ベレー帽

外ハネ
ショートボブ

黒の
ふんわり
ワンピース

黒シューズ

カワイイイメージの
ドット柄も、色数を
抑えれば大人でも
悪目立ちせずに
着られる!
全身ブラックだけど
すっきり出した
おデコで重たく
ならず。モノトーン
コーデは全体の
シルエットが
カギですね。

ドット
パンツ

ブラックコーデにドット柄で
アートな雰囲気が出てました

真っ赤なワンピ

着たもの勝ちって感じ!

オレンジ
Hair

朱色の
ノースリーブ
ワンピース

真っ赤な
ワンピースが
印象的な
ママさん。
ななめがけした
シャツといい、
スニーカーといい
シンプルなほど
細部が光る。
Hairも
外国の子みたいな
オレンジカラーで
すごく かわい
かったです。

ピンクの
シャツ

NIKEの
エアリフト

くるくる
パーマボブ

ブルーの
ノースリーブ
ワンピース

白とグレーの
メルカドBag

オレンジと黒
の
ごってり
スニーカー

無印良品にてレジに並んで
いた方。さらっとワンピースを
1枚で、なんだけど
小物使いがステキ！足元の
パキッとしたオレンジに黒が
ワンピースのブルーとなんとも
良い塩梅で、女の子らしい
ワンピースにこうゆうゴテゴテ
したスポーティなアイテムも
変じゃないなー、かわいい
じゃん！と改めて
おしゃれの自由度を実感。
Bagも普通のカゴBag
ではなくメルカドBag、と
いうところにセンスを
感じる。秋冬もきっと
ステキな装いなん
だろうな〜。

パーマと足元の個性をバッグ
がまとめていた印象

こってりしすぎないエスニックで

リラックススタイル

歩いてて見かけた
大学生くらいの子。
あまりはいてる人見ない
派手めのエスニック柄
パンツを パンツと
同系の暖色カラー、
ベージュやブラウンで
まとめて おしゃれに
はきこなしてる!
　特に かわいい!と
思ったのは サンダル。
ここも パンツと同じ
赤なんです。黒はよく
見かける teva、赤は
新鮮! 明るいカラーの
外ハネボブも
　似合ってますね。

明るめ
ボブ

ブラウンの
タンクトップに
うすいベージュの
シャツ

エスニック柄
の
ゆるパンツ

teva の
赤サンダル

ショートヘア

大ぶり
イヤリング

黒の
ブラウス

一歩ズレると
面白コーデに
なりそうな個性派
パンツもモノトーン
でまとめれば
おしゃれ！大ぶり
イヤリングに
ボリュームスニーカーと
本当に遊び心
あふれるスタイル。
素敵です。

ドット柄
の
ゆったり
パンツ

白の
ボリューム
スニーカー

おしゃれを楽しんでるなぁ

って見た瞬間プレイフルを感じた

ブロンドの
ぴっちり
おだんごヘア

白Tシャツ

ベージュの
スキニー
パンツ

はき古した感の
ある編み上げ
ブーツ

街を歩いていて
すれ違った海外の方。
広島市内は海外の方よく
見かけますがこの方を
描きたい!と思ったのは
真夏のめちゃくちゃ暑〜い
時期にこのブーツが
かっこ良すぎたから。
かなり年季が入っていて、
はき古した感じだった
ので、きっと長く長く
愛用している彼女の
お気に入りだと思うんです。
何の柄もロゴもない
白Tシャツも おそらく
ジャストサイズ。コテコテに
おしゃれを気取って
いなくても身につける
モノへのこだわりを
感じました。
ステキ!

最近見ていないブーツイン

スキニーがとっても新鮮!

ダークパープルと色っぽい黒髪に
夏の終わりを見ました

黒髪
おだんご

パープルの
ワンピース

クリーム色の
プリーツパンツ

こげ茶の
かかとなし
パンプス

秋っぽい夏服が
気になるこの時期に
目がいったパープル。
この深みのある色味が
そんな気分にドンピシャ
でした！黒髪もよく
似合ってた〜パンプスの
色も落ち着いたカラーで
いいね。

Season Coordinate #02

051

ボーイッシュなショートヘアに
合わせる白Tがいさぎよくて♡

黒髪
ショート

くすんだベージュの
薄手ニットベスト

白Tシャツ

くすみピンク
フレア
パンツ

巾着Bag

ベージュ
コンバース

街を歩いていて見かけた、
おそらく大学生くらいの子。
シンプルながらニット
ベストやパンツなど、
ばっちりトレンドを
取り入れてました。
他とかぶりそうな
スタイルだけど
パンツのラインが
キレイだったり、
くすみカラーもおしゃれ度
UPさせていて、
"なんてなく"着ている
わけではなさそう。
いろいろ試して
自分に合うものを
楽しんでるん
だろうなー。

編み込み
ロング
ヘア

デニム
オーバーオール

パープルの
袖ボリューム
ブラウス

SHOP店員さん。
やんちゃイメージの
デニムオーバーオール、
ガーリーに
着こなしていて
素敵でした〜！
またおデコ出し&
編み込んだアレンジが
よく似合っててすごく
かわいかったです。

白靴下に
黒シューズ

オーバーオールに女性らしい
アイテムって相性いいみたい

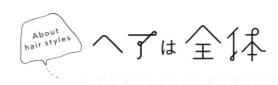

About hair styles

ヘアは全体

ハーフアップ
ボブ

スウェット

みつあみ
ひとつむすび

白
タンクトップ

衣型
カゴBag

黒の
スキニー
パンツ

黒の
コンバース

黒の
フレア
キャミワンピ

黒の
ビーチサンダル

ご近所ルックにハーフアップが
かわいかった方。毛先も外ハネ
にしてあり、まさにおしゃれに
手抜きなしです。

色使いもアイテムもよく見かけ
るスタイル。ここに前髪なしの
みつあみヘアを合わせた、差を
出すセンスが光っていました。

のまとめ役

きちんとヘアを整えていると「おしゃれしている」オーラが3割くらい増します。ヘアまで気を配っている、その少しの "気持ちの差" で目がいく人といかない人の差が出てきます!

見ようによっては普通のメンズカジュアル。そこに合わせた女性らしいふわふわヘアとの対比が♥あたたかみのあるカラーもいい!

パーマ
ロングヘア

ブラウン
の
ニット

メッシュ入り
シンプル
ひとつむすび

黒髪パーマ
ショート

カーキの
ノースリーブ
トップス

ストライプ
のシャツ
ワンピ

カモフラ
柄
パンツ

赤コンバース

トート
Bag

幾可学
模様
の
てるてる
スカート

デニム

ボリューム
スニーカー

白スニーカー

シンプルなコーディネートをヘアスタイルで まさに補完していました。パーマのやわらかさが女性らしくて素敵でした。

ツヤツヤのストレートで2トーンのヘアカラー。まさに髪の先まで気を配っていますオーラを感じさせる後ろ姿でした。

街で目がいく人の
ひみつのルール
Rule 03

差がつくのは

フライト
キャップ

グリーン
の
スウェット

白トップス
重ね着

黒の
フレア
レギンス

ベージュのVANS

キナリ
トート
Bag

黒髪
ショート

オレンジ＆
ブラウン系の
スカーフ

白の
バンド
カラー
シャツ

革トート
Bag

デニム

ブラウンのローファー

王道スウェットスタイルに合わせたフライトキャップの存在感が抜群でした！　ひとクセある小物のアクセントがコーデのカギです。

首元にコンパクトに結んだスカーフと長めのシャツとの分量の対比が絶妙すぎました。視線を上げるスタイルUP効果も抜群です。

小物使い

ファッション小物は遊び心も季節感も出せる優秀アイテム。
定番のアイテムを着ても、流行りのアイテムを着ても、合わせる
小物次第で「特別な人」になれるんですから。小物って絶大。

パーマ
ボブ

黒タートル
ニット

チェックコートに柄ソック
ス、難易度の高い柄×柄を分
量に気をつけることで上手に
着こなしていました！

オールバック
ひとつむすび

大きめ
イヤリング

チェック柄
ロング
コート

おだんご
ひとつむすび

夏素材
ピアス

白
Tシャツ

デニム
トート

ぺたんこ
黒シューズに
ブルーの
ノルディック柄
ソックス

キナリ色
スウェット
ワンピ

たぶん
リーボックの
ポンプフューリー

ベージュの
リネンパンツ

柄
カゴ
Bag

細ストラップのサンダル

とにかく目がいったのがコロン
としたデニムバッグ。定番では
ない形の王道バッグを持つのも
ひとつの手です。

この方が持っていたのはオレンジ
のストライプのカゴバッグ。色な
しが定番だからこそ、ビビッドカ
ラーを選ぶパワーに惚れます。

夏フェスにいた あの子‥‥♥

毎年参戦しているフェスは動きやすさ重視のフェスファッションの人が多め。
だからこそ似たり寄ったりのおしゃれの中で自分を強めに出している人を見るのが楽しいんです。

すっきり
おだんご

タンクトップ

オレンジの
ショルダー
Bag

黒の
ショート
パンツ

スポーツ用
スニーカー

2019年初参戦したサマソニで
見た方をぼんやり思い出しながら
描きました。タンクトップの重ね着と、
かなり短いショーパン、それにスッキリ
まとめたおだんご、がすごくかっこ
よかったのです。ヘルシーな肌見せ、
いやらしさもなく素敵!

ギンガムチェックの ハット
なんてのを見つけてしまったので、
これは白Tと合いそう!ってことで、
ちょっぴりナチュラルめのフェス
コーデもかわいいです!ギンガム
チェックとレモンイエローとの相性が
好きなので、スニーカーに入れてみました。

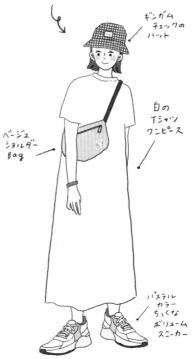

ギンガム
チェックの
ハット

白の
Tシャツ
ワンピース

ベージュ
ショルダー
Bag

パステル
カラー
ちっくな
ボリューム
スニーカー

デニムの
キャップ

これは私の
フェス定番スタイル。
パタゴニア、グラミチ、
KEENでとことん
アウトドア寄りにしてみました。
フェスコーデに迷ったら、
とりあえずアウトドアアイテムを
選んでおけば間違い
ないです。

フェスといえば
タイダイ柄を着てほしい！と
探したら女の子らしい、ふんわり
ブルー×ピンクを見つけて、それなら
こんな風にスポーツMIXに。
タイダイにデニム合いそう！と
キャップで取り入れてみました。
ツインテールも
ポイントです。

タイダイ
Tシャツ

アウトドア
ハット

パタゴニアの
ロゴT

ジャージ
みたいな
ぴたぴた
パンツ

白の
ダッド
スニーカー

黒髪
ベリー
ショート

ノースリーブ
Tシャツ

グラミチ
などの
ショート
パンツ

レギンス

メッシュ
の巾着
Bag

派手
ソックス

KEENの
スニーカー

おしゃれフェスコーデ。
動きやすさも忘れ
たくないので、民族系
SHOPにありそうな
こんなパンツも
フェスには合いそう。
メッシュBagも差が
つくポイント。足元は
NIKEのエアリフト
なら少し素肌が
見えるので、程よく
ヌケ感が出るかなと
思います！

民族っ
ぽい
ゆったり
柄パンツ

NIKEの
エアリフト

雨でも輝いています

雨だから服は適当で……なんて考えたりしません?

そんな雨の日にあえておしゃれをしている人を見かけると、おしゃれに天気は関係ないんだ!

雨の日も楽しめる!!と気づかされます。

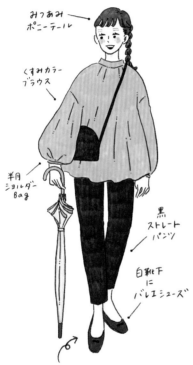

みつあみ
ポニーテール

くすみカラー
ブラウス

半月
ショルダー
Bag

黒
ストレート
パンツ

白靴下
に
バレエシューズ

足元は裾がぬれる心配のない
足首が見える丈のパンツにすれば
レディなスタイルも楽しめます。
自分のお気に入りカラーのトップスを
選べばどんより空でも気分が
上がるかも。湿気で広がる
Hairはみつあみに。

梅雨のジトジトした時期なら
リネンを合わせて さわやかに。
少し肌寒い雨の日はシャツワンピも
はおりに使えます。Hairは前髪も
ぴっちりおさめて、スッキリ清潔感の
ある印象に。

ひとつ
むすび

白Tシャツ

マドラス
チェック
ワンピ

黒
ショルダー
Bag

リネンの
パンツ

黒パンプス

うすい
カーキの
キャップ。

マウンテン
ジャケット

黒のサロペットなら
ある程度どんなトップスにも
対応するし汚れも
目立たず、動きやすいので
雨の日でも万能。Bagは
ナイロン素材を選べば
少々ぬれてもへっちゃら！
Hairはまとめて
湿気のモヤモヤと
おさらば。

雨でもスカートを
はきたい時は
裾の広がりが少ない
タイトスカートを
選びます。
ブーツをはけば、
より安心。トップスは
どんなものでも合いそう。
タイトスカート×スウェットが
好きで合わせてみました。

フレア
パンツ

ハーフ
アップ
ボブ

タートル
トップス

おだんご

白
Tシャツ

黒の
サロペット

くすみ
ブルー
の
スウェット

白のごてごて
スニーカー

はっ水加工の
アウターは大雨にも！
ストリートスタイルが
好きならフレアパンツを
合わせても。足元は
ボリュームスニーカーで
裾ぬれ回避。

KELTY
の
ナイロン
ショルダー
Bag

ミニ
ボストン
Bag

タイト
スカート

サイドゴア
ブーツ

白スニーカー

ストリートのメンズたち

メンズはより自分の世界観が強い印象があります。こんな部屋に住んでいそう、
あんな趣味を持っていそうと、その人のライフスタイルまでも想像できてしまうくらいの世界観が
おしゃれに出ている人に、目がいきがちなんです。

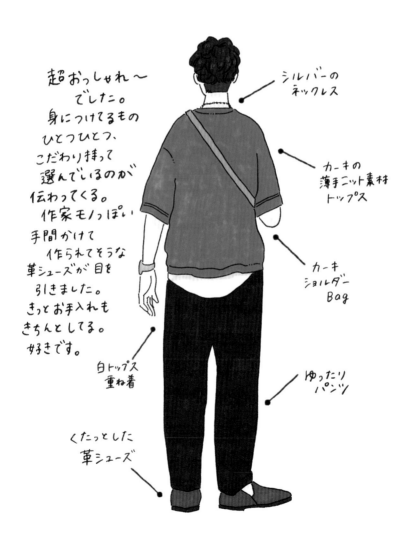

超おっしゃれ〜
でした。
身につけてるもの
ひとつひとつ、
こだわり持って
選んでいるのが
伝わってくる。
作家モノっぽい
手間かけて
作られてそうな
革シューズが目を
引きました。
きっとお手入れも
きちんとしてる。
好きです。

シルバーの
ネックレス

カーキの
薄手ニット素材
トップス

カーキ
ショルダー
Bag

ゆったり
パンツ

白トップス
重ね着

くたっとした
革シューズ

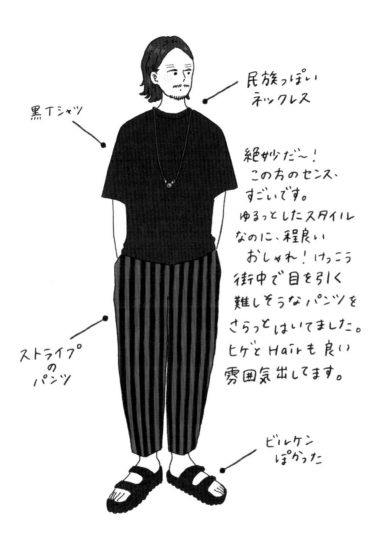

民族っぽい
ネックレス

黒Tシャツ

絶妙だ〜！
この方のセンス、
すごいです。
ゆるっとしたスタイル
なのに、程良い
おしゃれ！けっこう
街中で目を引く
難しそうなパンツを
さらっとはいてました。
ヒゲとHairも良い
雰囲気出してます。

ストライプ
の
パンツ

ビルケン
ぽかった

キャップ

ギンガム
チェックシャツ

尾道で見かけた
シンプルおしゃれさん。
変にコテコテせず、
品良くまとまって
いてステキです。
知的に見えるメガネや
すっきりとしたシャツが
好感度大！ブラック
オンリーにせず、
スニーカーにベージュを
持ってきているのも好き。
ブラック×ベージュ、良い
色合いですよね。
コーヒー似合うなあ。
お部屋とかも すっきり
片付いてそう！

黒パンツ

ベージュの
ニューバランス

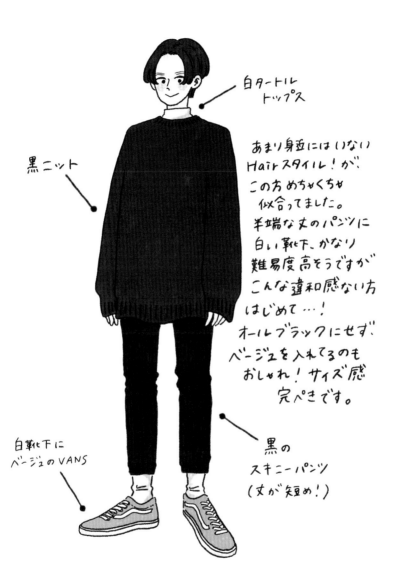

白タートル
トップス

黒ニット

あまり身近にはいない
Hairスタイル！が、
この方 めちゃくちゃ
似合ってました。
半端な丈のパンツに
白い靴下、かなり
難易度高そうですが
こんな違和感ない方
はじめて…！
オールブラックにせず、
ベージュを入れてるのも
おしゃれ！サイズ感
完ぺきです。

白靴下に
ベージュのVANS

黒の
スキニーパンツ
(丈が短め！)

オレンジ色が効いてる〜！
グレーのチェックと相性
良いなあ。さらに足元の
白がよりチェック柄を
魅力的に。色合わせ上手！

ニット帽

黒の
マウンテン
ジャケット

ショルダー
Bag

蛍光オレンジ
の
ショルダーBag

黒キャップ

グレー
の
スウェット

グリーン
の
パンツ

薄手の
ダウンジャケット

白ソックス

VANS

グレーの
チェックパンツ

白スニーカー

街中ですれ違った方。
よく見るカーキではない少し
青みがかったグリーンがめずらしい！
白ソックスを見せているのも
おしゃれだ〜！シンプル
おしゃれさんでした。

濃いカラーのデニムが
とっても かっこよかった。
VANSが よく似合う!
Bigサイズの ジャケットも
今時で おしゃれバランス
でした。

ベージュの
タートル
ニット

黒の
バケットハット

茶色の
コーデュロイ
パンツ

白トップス

Bigサイズ
の
チェック柄
ジャケット

からし色
コンバース

デニム

VANS

ほっこりカラーの
メンズスタイルも かわいい!
と 思わせてくれた 大学生のコ。
無難で まとめがちな
アイテムも、カラーに
こだわれば とたんに 目を
引きます。

Street in

AUTUMN

(October) (November)

四季のなかで一番あっという間に過ぎていく季節だと
思いませんか？　残暑が厳しいな〜なんて思っていたら、
すぐに冬本番が来る感じがします。
秋のおしゃれを楽しめるのって本当に短い。
そんな秋に欠かせないものといえばやっぱりチェック柄。
チェック柄って季節を問わないはずなのに、
なぜか秋色のチェック柄が一番しっくりくるのです。
秋色チェックにフラットシューズが私の中での秋のイメージ。
そしてパンとコーヒー、これがあったら幸せです。

(*October*)

定番カジュアルが

ストール選びで見違える

ほっこりナチュラル系SHOPにて物色中、
レジでお会計していたち。
（手に持っているのは財布です）
はっきりとした黄色のチェック柄ストール、とっても新鮮！
デニムのブルーとものすごく合う！

白シャツ+デニムの定番お洋服だけど
ストールで一気におしゃれ度UPしてます。

キャップはデニムと同じネイビー、スニーカーは
シャツワンピと同じ白、とまとまりがあってキレイ。
色使いお上手です！

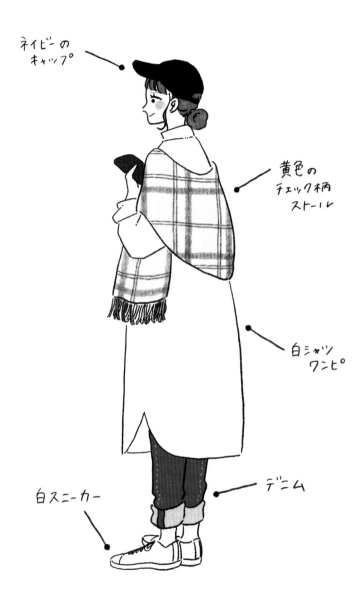

ネイビーの
キャップ

黄色の
チェック柄
ストール

白シャツ
ワンピ

デニム

白スニーカー

ステッチ入り黒のロンTを

キレイにミニマルに

黒髪ショート

黒の
ロンT

かなり若い子
でしたが、センス
良いなー!!と
パッと見て感じた。
こうゆう、ど シンプルな
スタイルって やはり
サイズ感大事。
すっきりしたボトムに、
ロンTは少し大きめで
手が隠れる良バランス。
Bagも ミニマルで
今っぽい!

黒の
ショルダー
Bag

ブラウンの
ストレート
パンツ

黒パンプス

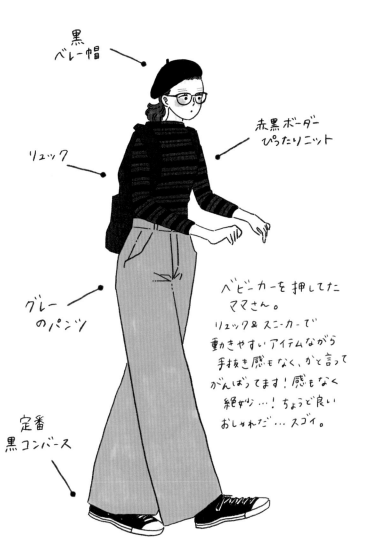

黒
ベレー帽

リュック

赤黒ボーダー
ぴったりニット

グレー
のパンツ

定番
黒コンバース

ベビーカーを押してた
ママさん。
リュック＆スニーカーで
動きやすいアイテムながら
手抜き感もなく、かと言って
がんばってます！感もなく
絶妙…！ちょうど良い
おしゃれだ…スゴイ。

抜き加減とさりげなさが
外国人みたいだった

前髪なし
おだんご

厚手の
パープル
ワンピース

さらっと1枚で
着た パープルの
ワンピースがステキ!
他のアイテムが
無彩色なので、より
パープルが
目立ってますね。
ストーンとした
シルエットなので
おだんごヘアで
上にポイントを
作ってるのも
バランス良き。

トート
Bag

レギンス

黒パンプス

ストーンとしてるワンピ
だからレギンスが活きてる

オールブラウンにチェックで
野暮ったくならないのすごい

パーマ
ショートヘア

茶色マスク

茶系の
チェックシャツ

ベージュの
ストレートパンツ

生成り靴下
に
ローファー

ランチで入ったお店で
見かけた、まさに秋!
らしい色合いが目を
引いた方。ブラウン、
ベージュでまとめていて、
さらにチェック柄と
ローファーも この時期
ならではですよね。
シャツ+パンツは 一歩
まちがえると野暮ったく
なると思うけど、トップス
インしたり足首の見える
丈だったりこなれた
スタイル。マスクまで
ブラウンなのがさすが!
こだわって おしゃれ
してそうです!

ブルーストライプを秋に着れるのは

着回し上手さんだって思う

黒髪
ショート

黒ベスト

ブルーの
ストライプ
シャツワンピース

ストレート
デニム

白靴下

黒シューズ

少し前から よく
見かけるように
なった 薄手の
ニットベスト。
これをプラスする
だけで春夏っぽい
ストライプも 一気に
秋めきますね。
あるのとないのとでは
印象大違い!
参考にしたい。

(*November*)

黒髪みつあみ
ポニーテール

黒の
わっかピアス

黒の
タートルニット

四角い
ボストンBag

赤の
チェックフレアスカート

黒ハイヒール

街で存在感
ばつぐん！の広範囲の
ぱっきりとした赤色を
堂々と着こなしていて
すっごく かっこ良かった!!
足元のヒールがまた
その姿をしゃんと
見せていて。
ピアスも個性的で
ヘアもコーデに合わせて
アレンジされていて、
細部まで
抜かりなし！
でした。
ほれぼれ
しちゃいますね…

存在感ばつぐんのスカートに
一瞬でクギづけ

ワイルドなライダースを
こんなに品良く着こなしていて♡

黒髪
ひとつむすび

白タートルトップス

ライダース
ジャケット

おそらく大学生くらいの
黒髪girl。モノトーンに
赤！とゆうぱきっとした
色使いもかっこいいし、
加えて全体の
シルエットが とっても
美しい！！

ライダースってゆう ゴツめ
アイテムなのに、女性の
体型が 強調される
タイトスカートで
レディにまとまってます。

タイト
スカート

赤の
手さげBag

ショートブーツ

白キャップ

カーキの
ロングニット
ワンピース

巻き髪
ひとつむすび

ショルダー
Bag

白スニーカー

レギンス

女性らしい体の
ラインを拾うニット
ワンピに巻かれた
Hairは女性らしい
けど、キャップに
Bag、スニーカーが
カジュアルでその
バランスの塩梅が
良い！どっちにかたより
すぎてもこのかわいさは
生まれないのでは。

美ラインのニットワンピ
は着くずしてこそ最高

雰囲気ばっちりなヘアとメガネ

メンズライクなアイテムで華奢に

マッシュ
ショート
&
丸メガネ

カーキの
トレンチ
コート

持ち手が太い
ぽってりした
ショルダーBag

定番デニム
に
マスタードカラー
のソックス

スタンスミス

たしか駅で、
エスカレーターにて見かけた方。
(なのでこんな手の位置です)
マッシュショート+丸メガネ、
まちがいなくおしゃれ
好きさん。カジュアル
だけでBagの形
とか、靴下の色など
ちょっぴり人と違う
小物使い、
シンプルな服こそ
光りますね！私も
靴下で遊びたい
人なのでこの
デニムの丈感や
スニーカーとのバランス、
見せ方とても
参考になります。

黒髪
ショートパーマ

キルティング
ジャケット

レディな
黒ワンピース

ブーツ

シルエットが
とってもキレイでした！
ドレープがステキな
ふわっとした
ワンピースに、丈の
短い キルティング
ジャケット。合う！
パーマが かかった
ショートHairも
良バランス。
遠目で見かけたので
アクセサリーが
わからず…
センス良いもの
つけてただろうな～

Season Coordinate #03

エレガントなワンピの
新しい着こなしを発見

ヴィンテージっぽい
こだわりたちの組み合わせ

黒髪
パーマショート

ヴィンテージぽい
でかピアス

レース
トップス

カーキの
ジャケット

チェック柄の
パンツ

黒シューズ

街ですれ違った方。
ボーイッシュ + レディ
ライクの バランスが
絶妙!! レース
トップスを チェック柄
パンツに 合わせるの
めずらしいし、
ヴィンテージ感ある
ピアスも ステキ。
好きなものを取り
入れて、自由に
おしゃれを楽しんで
いるのが 伝わって
きます! 独特な
合わせ方ながら、キレイに
まとまっているの
スゴイです。

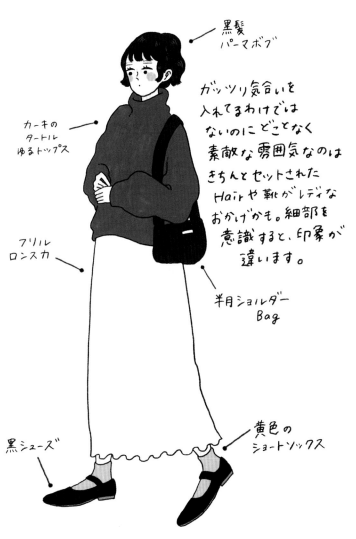

黒髪
パーマボブ

カーキの
タートルネック
ゆるトップス

フリルの
ロンスカ

半月ショルダー
Bag

黒シューズ

黄色の
ショートソックス

ガッツリ気合いを
入れてるわけでは
ないのにどことなく
素敵な雰囲気なのは
きちんとセットされた
Hairや靴がレディな
おかげかも。細部を
意識すると、印象が
違います。

ヘアと足元がかわいいと
それだけで素敵な予感

オレンジの
コーデュロイ
キャップ

アーガイル柄
ニット

SHOP店員さん。
オレンジが
効いてます！
色使いが
おしゃれだ。
柄モノ同士
なのに まとまり
良いのは、どちら
にも オレンジ系の
暖色が 入っている
おかげですね。
小柄な方で、どの
アイテムも ばっくんに
似合ってました〜！

チェック
パンツ

ニューバランス

新鮮なカラーコーデに

出合うとワクワク

パープルをうまく着てる人は

自分のカラーを知ってそう

編み込みヘア

大ぶりピアス

レースの
タートルネック
ブラウス

パープルの
ニットカーデ

花柄
ソックス

デニム

マーチン

年に2回開催される
広島の某おしゃれマーケット
にて見かけた方。パープルの
ニットカーデ存在感が
ばつぐん！Hairカラーも
かなり明るかったので
目立ってましたがパープルと
よく合っていて。カーデと
同じカラーの花柄靴下に
マーチンの組み合わせ
すっごくかわいいです。
こうゆう個性的な
大ぶりピアスも好き！
きっといろんなデザイン
集めてるんだろうなー。
個性あふれる
スタイルは見ていて
ワクワクして
楽しいです！

街で目がいく人の ひみつのルール Rule 04

My best size

自分のサイズを

黒髪パーマ
ひとつむすび

白ニット

黒の
ボアブルゾン

デニム
ワイドパンツ

トート
Bag

たぶん アディダス の スタンスミス

肩を落として着たブルゾンとボトムのボリュームがいいですよね。肩を落とす着こなしはできそうでできない着こなしです。

タトハネボブ

白
Tシャツ

黒の
ベルト

カーキ
パンツ

革の
トート
Bag

黒パンプス

白靴下

パンツのシルエットがとにかくキレイで!! ジャストサイズの白Tも全体のバランスを整える一役を買っていたと思います。

わかってる

ちょっとした太さ、丈の長さで印象ががらっと変わるボトム。試着をしないとわからないからこそ、ボトムをキレイにはきこなしている人を見ると「おっ!」と目がいってしまいます。

ロングヘア ポニーテール

くすみブルーの ロンT

パンツのシルエットと自分の美脚を引き立てたトップスインの着こなし。わかっていらっしゃる!のひとことです。

黒 ショルダー Bag

ハーフアップ ボブ

ピンクの スウェット

白パンツ

みつあみ ひとつむすび

黒の ロンT

ダウン ジャケット

ボリューム スニーカー

グリーンの チェック柄 スカート

ストンとした シルエットの デニム

白靴下に パンプス

白の ハイカットコンバース

ハイカットとちゃんとわかるくらいの、短すぎないデニムの丈が完ぺき。自分のこだわりを伝える丈感に目を奪われたコーデです。

靴下とスカートの丈のGOODバランスで歩くたびにのぞく肌。靴下の丈は計算か、偶然か。ここから生まれるヌケ感が素敵でした。

街で目がいく人の
ひみつのルール
Rule ◎5

Feelings to enjoy

大事なのは、

黒髪ボブ

白のシャツワンピース

くたっとしたトートBag

白タイツに白靴下

まっ白コンバース

好みや暮らしまでがわかって
しまいそうなくらい 自分の
世界を表現されていて、その
世界観にうっとりです！

黒ベレー帽

白トップス

デニムセットアップ

革のベルト

白キャンバストートBag

黒パンプス

ひと目ではブランドを判別する
ことはできない服を着ていまし
たが、一つひとつへのこだわり
はひしひしと感じました！

088

楽しむ気持ち

「私はこれが好きなんです」と伝わるおしゃれをしている人は
気分が外にも出ていると思うんです。自分が好きなものを
自由に着ている、楽しんでいる！という思いが伝わってきます。

フライト
キャップ

タトハネ
ボブ

アディダス
ロゴ
パーカー

おしゃれに使えるお金は限られているであろう年代の女の子。その中でも選ぶ楽しみが伝わってくるコーデでした。

黒髪
ボブ

インナーに
フリル付き
トップス

赤ニット

シアター
プロダクツ
の
トートBag

チェック
パンツ

白スニーカー

ほっこり系のコーディネートを着こなしていたのはマニッシュな女性、その雰囲気のギャップに惹かれました。

グレーの
タイトスカート

白靴下

ぽってりした
スニーカー

黒髪
ショート

黒タートル
トップス

ミリタリー
コート

ドット
スカート

マーチンの
ブーツ

クールなアイテムに合わせた相反する女性らしさのあるドット柄。意外性ばつぐん。

ワンマイルでも がいった人

部屋着以上、お出かけ着未満。アイテムはベーシック、組み合わせに気合いが入っているわけじゃない。
そんなみなさんはご近所ならではの楽さと全体のバランスが絶妙なんです!

ひとつ
むすび

リュック

ゆるっと
ボーダー
トップス

ゆるっと
黒パンツ

GOLDの
VANS

バス停にいた、おそらく
学生さん。なんてことない
スタイルだけで、ゆる×ゆるの
サイズ感が絶妙! 足元の
スニーカーはGOLDで、楽ちんスタイル
ながらこだわりも感じました。

スーパーで見かけた40代
くらいの方。ゆるっとしたニット
かわいい! 私は近所に行く時
カジュアル寄りになるので、こうゆう
気合い入りすぎず、程よくレディな
スタイル参考になります…!

グレーの
ベレー帽

くすみ
ブルーの
ゆったり
ニット

モノグラム柄
コンパクトな
ショルダー
Bag

エコBagを
持ってますよ

黒パンツ

くしゅくしゅな
パンプス

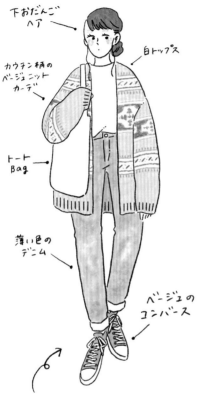

下おだんご
ヘア

白トップス

カウチン柄の
ベージュニット
カーデ

トート
Bag

薄い色の
デニム

ベージュの
コンバース

デニムスタイルに はおる
だけで 防寒＆ポイントになる
ニットカーデ ご近所スタイルに
良いですね！カウチン柄、てゆうのも
季節ならではでいいな〜。
足元のベージュもかわいいです。

やっぱりかわいいブラウン系コーデ。
白ニットスタイルはよく見かけますが
ベージュのパンツにブラウンのコンバース、
という組み合わせが良い！楽ちん
コーデも色味を統一すると
こなれますね！

ひとつ
むすび

白の
ケーブル
ニット

ベージュ
フレア
パンツ

ブラウンの
コンバース

ショート
ボブ

ダウン
コート

ゆるっとしていてとってもラフな
スタイルなんだけど、サイズの
バランスが良い！ボトムのくすみ
ピンクとスニーカーのベージュも
パーカーの色味と合っていてかわいい。
ゆるっとした おだんごヘアも ポイントに
なってます。

ゆるゆる
おだんご

Leeの
Bigサイズ
パーカー

ベージュの
ストレート
パンツ

白靴下
に
ローファー

白トップス
重ね着

くすみピンク
の
プリーツパンツ

お子さんと お買いもの中だった
ママさん。ダウンコートと ボトムスの
バランスが すごく キレイ！パンツの
丈感も 絶妙だし ローファーを
合わせるなんて おしゃれ…！
もったりした首まわりに スッキリ
短いヘア、の対比も 好きです。

ベージュの
VANS

スーパーで見かけたママさん。
すっきりデコ出しヘアにパーカーワンピ、
とまさに ご近所コーデですが
足元が派手ですごくかわいい!
気合いを入れなくてもコレだけで
「おっ」と思うので お気に入りを
持っておきたいですね。

おだんご
ヘア

シルバーの
大きめピアス

黒の
ロング
コート

ショルダー
Bag

ピンク
ベージュ
の
パンツ

白系
ボリューム
スニーカー

すっきり
デコ出し
おだんご

グレーの
パーカー
ワンピース

レギンスに
派手めカラー
の
ボリューム
スニーカー

近所に外食した時に
見かけたカップルの彼女さん。
ストーンとした黒コート、パンツの色と
すっきり上にまとめたヘアで良バランス!
足元のスニーカーでトレンドもばっちり。
ピアスも個性的だったので、
おしゃれ好きなのが伝わってきました。

Street in

WINTER

(December) (January) (February) (March)

クリスマス、雪、ケーキ、温かいコーヒー、暖かい部屋。
外は寒いけれど、思い浮かぶものはほっこりとするものばかり。
やっぱり冬ならではのニットやストールを
身に着けたくなるし、ボアアイテムもよりかわいく感じる。
重ね着も冬ならではのおしゃれですよね。
赤とデニムの組み合わせが好きって言ったけれど、
なぜか冬は赤と黒の組み合わせが思い浮かぶんですよね。
なんでだろう？　かわいくないですか？　赤と黒の組み合わせ。
赤をぐっと引き締めてくれる黒に冬を感じます。

(*December*)

ちっちゃい
ポンポン付き
ベレー帽

ボーダー
トップス

ノーカラー
ロングコート

ししゅうの
柄
トートBag

白靴下
に
ローファー

デニム

無印良品にて見かけた
お姉さん。おそらく
40代くらいです。
デニムにボーダー、とゆう
ラフ＆カジュアルが
ベースだけど、
手抜き感を一切
感じないのは
小物使い！
特にローファーは
きちんと感が増す
アイテム。トートBagも
ししゅうの総柄で
個性が出てますよね！
ベレー帽のポンポンも
かわいいです…！
まさに「大人の
カジュアルおしゃれ」！

ラフで大人に見せておいて

ポンポンとかテクニシャン

季節感があって見てるだけで
あったかくなる

パーマ
ショートHair

インナーにフリル
トップス
&
白のケーブルニット

ファー カゴ
Bag

マリメッコの
お店にて色々
眺めてた方。
白&ベージュ、これ
だけでもうふわっと
かわいらしい印象。
ケーブルニット、コーデュロイ、
さらにカゴBagのファーと
季節感もばっちり。

キャメルの
コーデュロイ
ワイドパンツ

白スニーカー

今の時期
ならではのアイテムを
取り入れてるスタイルは
よく目がいきます。
ニットの首元から
チラ見えするフリルも
かわいい！こうゆう
小さいポイントで
差がつくね。

Season Coordinate #04

青いデニム、赤のチェック、ネップ
と色へのこだわりを感じる

黒ベレー帽

チェック柄の
ストール

黒髪ショート

パタゴニアの店舗で
見かけたママさん。
よく見かけるような
スタイルではあるけど
赤×黒のブロックチェック
めずらしい！と目が
いきました。よく
見るとニットのサイズ感、
デニムも大きすぎず
小さすぎる事もなく
絶妙なバランス。
BIGサイズが流行って
いるけど大きいニットだと
この雰囲気は出なかったと
思います。自分の
ベストサイズをきちんと
わかってそうです！

いろんな色の
糸が編みこんで
ある
ゆったりニット

デニム

くすみ色の
スニーカー

ひとつむすび

タートル
白トップス

アイスブルーの
ロングトレンチ
コート

ブラウン
の
タックパンツ

黒シューズ

街を歩いてて見かけた、
お友達と歩いていた女の子。
ベージュばかり見かける
トレンチコート、アイスブルー
なんてめずらしい！この
ブルーとブラウンの
パンツがなんとも絶妙な
配色でそうきたか！と
目からウロコ。トップスが
白なのもブラウンと
ブルーを引き立ててると
思います。無難な
ベージュのコートでも
とても似合ってたと
思うけど、こうして
色で遊んでいる
方はおしゃれ
楽しんでるなー！と
ワクワクします！

トレンチコートのカラーを
選べる遊び心

黒とゴールドでつくる

カジュアルって深みアリ

ムートンコート
みたいな
ベレー帽

タハネ
ボブ

GOLD
ピアス

黒の
もこもこ
ジャケット

プリーツ
スカート

キラキラ
GOLDの
VANS

とあるSHOPにて
お買いもの中だった方。
素材の違う"黒"で
まとめたコーデに
GOLDの小物が
効いてる！アクセは
よく見かけるけど、
スニーカーまでGOLD！
こういう個性を出してる
方は自分の"好き"を
つらぬいている感じが
してとても好きです。
ショート丈アウター
×
ロングスカートは
バランスが
キレイに見えて
そのへんもお上手。

ベレー帽

グレーの
トレンチコート

白タートルニット

コーヒーSHOPで
店員さんとニコニコ
やり取りしていた方。
30代くらいだったと
思いますが 素敵…!
とほれぼれ。
パンツ×ブーツって
"カッコイイ女性"って
感じがするし、
トレンチコートは
きちんとした印象に
見えるし「ちゃんとした
大人感」がありつつ
ベレー帽は
遊び心があります
よね。

なくてもステキだけど
きちんとまとまりすぎて
無難なスタイルに
なっていた気がします。
サイドゴアブーツの
ブラウンがちゃんとした
革っぽかったのでアイテム
ひとつひとつ良いものを
きちんと選んでそう…と
うっとり。いやー、
めちゃくちゃ憧れます。

ブラウンの
サイドゴア
ブーツ

黒の
ワイドパンツ

Season Coordinate #04

はずし小物とレザーの質感

アーティスティック

パーマのおろしヘアって
あらためてかわいい

歩いていて見かけた、
大学生くらいの子。
ミントグリーンのパンツが
かわいい！他のアイテムが
モノトーンでまとまってるので
うまく強調されてます。
おろしたままの ロング
ヘアと、マーチンの
バランスも好き。
巻いてはいるけど゛
おろしたままのスタイル
ってかわいくても、
おしゃれだー！て印象に
ならない事が私は
多いんですが、
マーチンってヒールより
レディ感をおさえれて、
スニーカーよりきちんと
して見えるんです。

ロング
パーマヘア

白タートルニット

ノーカラー
黒
コート

その絶妙な塩梅が
このヘアをうまく
おしゃれな雰囲気に
見せていると思う。
スニーカーなら、少し
手抜きに見えたかも
しれないしヒールなら
UPヘアにしないと
バランス悪かったかも
しれない。絶妙
でしょ。この方の
センスですね！

ミント
グリーンの
パンツ

マーチン

黒髪ショート

だぼっとした
BIG シルエット
黒コート

Bagも黒のキャンバストートで
無難なものかと思えば
持ち手だけ革でこれも面白い。
足元はそのぶんすごくシンプルで
遊びすぎず。いさぎよい黒髪
ショートもこびない感じで
かっこいい。好みで目がいった
のもあるんですが、何より
惹かれたのはこの方
40代くらいだったんです。
歳を重ねても好みのまま、
好きなスタイルを
していられるんだろうか？
と思う私にすごく
希望を与えてくれた
方でした！こんな
40代に
なるぞ。

BEAMSにて
見かけた方。
私、ドンピシャに
好みのスタイル
なんです。
シンプルでいて、
少し人と差が
あっておしゃれが
好きなのが
伝わるスタイル。
まずコートの形が
ぶわっとしていて
面白いし、↑

黒
パンツ

持ち手が革の
キャンバス
黒トート

白ソックス
に
黒シューズ

おしゃれを楽しむ

私の憧れに出会えた

濃いめのアメカジが
ハマっていて個性ばつぐん

グレーの
ベレー帽

パーマボブ

ギンガムチェック
シャツに
赤ニット

黒の
ダウンぽい
アウター

ショッピングモールで
見かけた30代
くらいのママさん。
コテコテのスタイル
ですが「私は
このスタイルが
好きなんです！」
というような
この方の好みが
ひしひしと伝わって
きてとても好き。
カンケンBagや
グリーンを選んでいる
スニーカー、赤をポイント
使いにしていたりと
色使いが楽しい！

お子さんもいたので
動きやすさも重視
しているんだろうけど、
ガッツリ自分の
好きなおしゃれを
楽しんでいて、そこに
惹かれました。

グリーンの
ニューバランス

カンケン
Bag

黒の
ベレー帽

黒の
タートルニット

ショートボブ

チェック柄
コート

デニムの
オーバーオール

白スニーカー

またまた30代くらいの
ママさんでした。
カジュアルの王道、
オーバーオールを
チェック柄コートや
ベレー帽、メガネで
トラッドな雰囲気に
着こなしていて素敵!
黒のタートルニットが
程良くきちんと感が
あって、オーバーオールの
カジュアルさと子ども
っぽさをうまく中和
している気が。まっ白の
スニーカーもデニムに
めちゃくちゃ合ってるし、
アイテム合わせが
うまいです。

オーバーオールをきちんと
トラッド系にアレンジ

キレイめリュックの
ポテンシャルってすごいかも

この方は駅で数人で
おしゃべりしていた中の
ひとりで、カジュアルな
スタイルだな〜と
思っていたら足元が
ローファー！え〜、素敵。
リュックと合わせるって
意外な組み合わせの
ようでけっこうしっくり
きていたのは、ガッツリ
アウトドア系のリュック
ではなく、おしゃれ寄り
な マリメッコだった
からかもしれません。
リュックの時は
スニーカーだな〜、と
コーデが限定されて
いたけど幅が
広がりそう。いいな。
私も買おうかな笑

ハーフアップ
外ハネボブ

マリメッコの
キルティング
リュック

カーキの
キルティング
アウター

ブラウンの
ストレート
パンツ

ローファー

黒髪ショート

GOLDの
イヤリング

ブラウンの
ニット

黒のベルト

チェック
パンツ

黒パンプス

ブラウンのニット ×
チェック柄パンツ、
こんなにかわいいとは。
白ニットも合いそうだけど
ブラウン、てところが
ちょっと珍しくていいな。
ベルトとパンプスを黒で
統一して全体を引き
しめているのも ステキに
見えるバランスかも。
GOLDのアクセも
ブラウンと合ってますね!

上下ブラウンのポイントとなる

黒の小物やGOLDアクセ

(*March*)

パーマ
ボブ

シルバーの
ピアス

白のタートル
ニット

ボア
ブルゾン

くすみ
グリーンのパンツ

シルバー
の
パンプス

歩いていて
見かけた方。色合い
めちゃくちゃ
かわいいな〜！
くすみグリーンに
白が合うのは
なんとなく わかる
けど、パンプス！
シルバーとすっごい
相性いいんですね〜！
ボアブルゾンで上半身に
ボリューム、下半身は
ストレートパンツですっきり、
てゆうバランスも
キレイですよね。
ピアスも かわいい！

仕上げのシルバー靴で
レベルが格上げされてる

観光地で見つけた

アウトドア上手なおしゃれさん

ネイビーの
ニット帽

パーマボブ

グレーの
ダウン
ベスト

黒の
ショルダー
Bag

チェックの
ワンピース

ベージュの
ニューバランス

観光地で見かけた
ママさん。両手が自由に
なるショルダーBagに
ガンガン歩けるニュー
バランス、と動き
やすさも重視しつつ
ニット帽とスニーカーの
ネイビー×ベージュなど
しっかりおしゃれを
楽しんでますよね。
ほど良いサイズ感の
ダウンベストが防寒
だけでなく、良い
アクセントになって
スタイルUPにも一役
買ってる気が。
アウトドアちっくな
おしゃれ、かわいい！

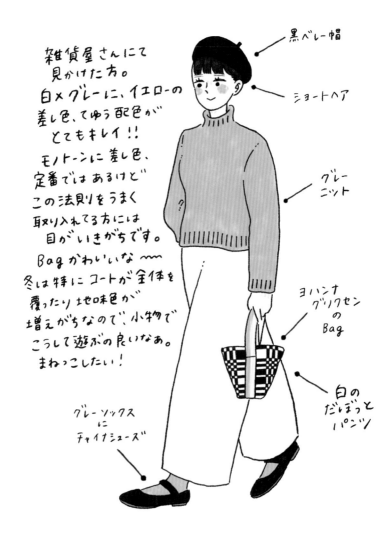

雑貨屋さんにて
見かけた方。
白×グレーに、イエローの
差し色、てゆう配色が
とてもキレイ!!
モノトーンに差し色、
定番ではあるけど
この法則をうまく
取り入れてる方には
目がいきがちです。
Bagかわいいな〜〜
冬は特にコートが全体を
覆ったり地味色が
増えがちなので、小物で
こうして遊ぶの良いなぁ。
まねっこしたい!

黒ベレー帽

ショートヘア

グレー
ニット

ヨハンナ
グリクセン
の
Bag

白の
だぼっと
パンツ

グレーソックス
に
チャイナシューズ

差し色にキレイな
バッグが欲しくなりました

ベージュに明るめデニムで
際立つ透明感♡

明るい
カラーのおだんご

白のブラウス

ベージュの
ニット
カーデ

キナリの
巾着Bag

うすい色
の
デニム

ベージュの
スニーカー

大学生くらいの女の子。
おひとりで街中を歩いて
ましたがいやー
かわいかった。
ベージュ、こうして
ふわっとした雰囲気に
なれるので良い
ですよね。さらに
この方のポイントは
デニムの色！この
明るめカラーが
ベージュにすごく
合ってました。
たくさん色味が
あるデニムの中で
ベストチョイスだと
思います。オン眉
前髪におだんごも
かわいすぎました。

Season Coordinate #04

ぬくもりの プラウン に包まれる

ブラウンの中にもいろんなブラウンがありますよね? いろんな色があるからこそ、
いろんなスタイルにハマる、上手に着こなせばぐんとおしゃれ感が増す万能カラーなのです。

ショート
ヘア

白ニット

ブラウン
ショルダー
Bag

ブラウンといえば チェック柄の
コート、好きなんです。(持って
ないけど) トラッドにまとめたい。
ブラウンの中にもいろいろな色味が
あるので、ブラウン同士でも
組み合わせで遊べて楽しい。

チェック柄
ロング
コート

おだんご
ヘア

オレンジ
ブラウン
の
ワンピース

ブラウン
の
リュック

ブラウン
パンツ

ローファー

オレンジ系ブラウンの
ワンピースならこんな風に
とことんカジュアルに着ても
かわいい! リュックやスニーカーも
ブラウンで統一。一気に
目を引く スタイルに。

ブラウンのニューバランス

ひとつ
むすび

大きめ
ピアス

くすみ
ベージュ
開襟シャツ

ウッド
アクセ

ブラウン
ショート
パンツ

カゴ
Bag

ブラウンサンダル

真夏のこんな
スタイルにも！
長めの丈を選べば
大人でもショートパンツ
コーデができちゃいます。
落ちついた雰囲気に
してくれるのもブラウンの
魅力。

定番アイテムの
ボーダーもブラウン系に
落としこんで白を
合わせて優しい
ほっこりした
雰囲気に。
シューズやBagも
ブラウンで統一すれば
よりまとまりが出ます。

みつあみ
ひとつむすび

ベージュ
ボーダー
ロンT

バケツ
Bag

白靴下に
ベージュ
パンプス

白パンツ

ショート
ボブ

フープ
ピアス

キャメル
ショルダー
Bag

くすみ
オレンジ
ブラウス

ピンク
ブラウンの
パンツ

ブラウンのミュール

ピンクブラウン
を使って
レディなスタイルに。
これも色味の
組み合わせで
遊べます。
ブラウンには
GOLDのアクセが
よく似合いますね！

ブラック の インパクトって

黒だからこそのおしゃれ。1色しかないからこそ、素材感、サイズ、シルエットにはよりこだわりがあるはず。
黒を着こなせるとぐっと洗練された雰囲気になると思うんです。

黒同士ならニット＋ボリュームの
あるスカートの組み合わせも好き。
全体が黒ってシルエットが強調
されると思うので、こんなふうにふわりと
ゆれるスカートで動きがつくと、
真っ黒でも重たくなりません。

ベレー帽

ボーダー
トップス
に
黒カーデ

ボストン
Bag

シェフパンツ

ニット帽

黒の
タートル
ニット

白トップス
重ね着

ふろしき
Bag

白靴下に
カンフーシューズ

プリーツ
スカート

ブーツ

私の中でのテッパンスタイル。
モノトーンと聞いて最初に浮かぶのは
こうゆうベレー、ボーダー、パンツの
組み合わせ。ボタンがいっぱい
ついたカーデを合わせて、より
フレンチシックに着たいです。

夏のブラックコーデなら
さらりと1枚ワンピースが
好きです。いろんな形が
あるけどシャツタイプに革の
Bagやおデコを出したベレー帽で
しゃんとした雰囲気に。

黒
ベレー帽

シャツ
ワンピ

革の
トート
Bag

ごつてりめのサンダル

黒ベスト

白
シャツ

グレー
ストレート
パンツ

巾着
ほのる

V字パンプス

ベストを使った
コーデも好き。
色がなくても
シャツのスリットや
パンツとの
バランスで
充分キレイに
まとまります。

アウトドアちっくに
まとめても。真っ黒な
アウターには柄モノを
合わせてポイントを作って
のっぺりしないように。
HairはUPにしたり
帽子で上にもポイントが
あるちがバランス良い。

ハーフ
アップ
ボブ

白
トップス

黒の
アラック
パーカー

グレー
チェック
スカート

白靴下
に
スニーカー

ストリートの

シニアさまのように奔放に……!

年齢を重ねるごとに、ファッションは守りになりがちですよね?
そんなことを気にせず、おしゃれなシニアさまを街中で見かけるとワクワクします。
だって数々のおしゃれを楽しんできた人生の大先輩が選んだ集大成なんですから。

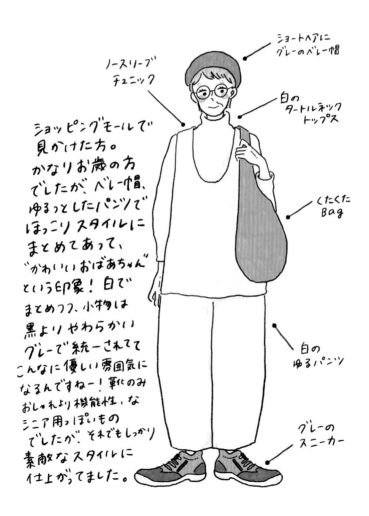

ショートヘアに
グレーのベレー帽

ノースリーブ
チュニック

白の
タートルネック
トップス

くたくた
Bag

白の
ゆるパンツ

グレーの
スニーカー

ショッピングモールで
見かけた方。
かなりお歳の方
でしたが、ベレー帽、
ゆるっとしたパンツで
ほっこりスタイルに
まとめてあって、
"かわいいおばあちゃん"
という印象! 白で
まとめつつ、小物は
黒よりやわらかい
グレーで統一されてて
こんなに優しい雰囲気に
なるんですね! 靴のみ
おしゃれより機能性な
シニア用っぽいもの
でしたが、それでもしっかり
素敵なスタイルに
仕上がってました。

キレイな白髪

トマトレッド
の
BIGシャツ

大きい！
トート
Bag

白の
はんぱ丈
パンツ

黒ソックス
に
黒シューズ

街を歩いていて
見かけた方。鮮やかな
レッドのシャツに一瞬で
目を奪われましたー！つるんと
まとまったキレイな白髪のボブ
ヘアもおしゃれ！かわいい。
難しそうな、かなり半端な
丈のパンツを着こなして
いたり、形自体はよく見る
のに、なんかすごく大きく
ない?!面白い！という
トートBagを合わせる小物
使いに、この方の今まで
培ってきたファッション
センスが にじみ出ている
ようでうっとり。いろいろ
通って辿りついた
スタイルなのかなーと
思うと楽しい…！

白の
タンクトップ

キレイに巻かれた
ロマンスグレーの
ボブヘア

ランチで入った
紅茶専門店にて
お友達と食事していた方。
まさかの ALL WHITE
コーデ!!! 加えて Bag や
ネックレスがシンプルな
上下に映えていて、
小物使いまでセンス
良い…!ヘアもキレイに
セットされていて
全体的に品がある。

GOLDの
ロングネックレス

しかもタンクトップで
肌見せ、パンツの
丈は足首見せで
このお歳でもしっかり
"女性らしさ"を意識
していてめちゃくちゃ
カッコ良かった。
いくつになっても、
"女であること"を
こうして楽しんで
いいんだ!と
思わせてくれました。
普段どんな生活
されてるんだろう…!

モノトーン
巾着Bag

白パンツ

パンチングに
なってる
白シューズ

黒髪ベリーショート

グレーの
タートル
ニット

黒の
Gジャン

濃いグレーの
プリーツスカート

紅葉を見に行った時に
見かけた方。私達でも
着るアイテムばかり身に
つけていて、それをシニアの
方が素敵に着こなして
いる姿にうっとり。特に
目を引いたのは黒の
Gジャン！私達でも着る
アイテムの、さらに
普遍的ではない方を
チョイスしているセンスが
さすが。かっこ良かった！
バッサリベリーショートも
すんごく似合ってて
憧れちゃいます…！

赤ソックス
に
黒シューズ

街中で見かけた方。
こんなスポーティーな
格好でお買いもの
しているシニアの方、
見かけたのは
初めて！他が
黒なのでより
目立つど派手な
スニーカーと、
ショートボブがよく
似合っててめちゃくちゃ
かっこいい！そして
足のラインがほれぼれ
するほど美しかったです。

ショート
ボブ

黒の
ボリューム感ある
ショートコート

上がぽてっと
した形のアウター
だったので、より
下のラインが引き
立ちますよね。
しっかり自己管理
されてるんだろうな。
シンプルながら、生活
スタイルまで想像
させられた方でした！

黒スキニー

派手
スニーカー

白髪
編み込みヘア
に
べっこうのヘアアクセ

オレンジ
ブラウン
のニット

グレーの
チェック柄
ロングスカート

ローファー

街中で見かけた方。
シニアの方でヘアアレンジ
してるの珍しい！
さらに、ニットにチェック
スカート、ローファー、と今の
私もしているスタイルで
シニアになってもこうゆう
スタイルできるんだー！と
嬉しくなりました。
トラッドなアイテムに
きちんと編み込まれた
ヘア、今まで生きてきた
経験から出る雰囲気
がこの方にはあって、
"若い"だけでは
出せない品の良さを
感じました。素敵…！

わたし について

おしゃれな人のことはいっぱい描いてきましたので、最後に私のことをちょっと。
こんなおしゃれをしている、こんなものが好き、そんなことがちょっとだけ伝わったらいいかな?と。

私服のこと。

わたしの 一軍お気に入りアイテム

リーバイスのデニム
たくさんはいてやわらかくなった!まさに"育てている"アイテム

フリークスストアのキルティングコート
軽くて暖かいの本当に最高

コルクのインソールに一目ボレ

Deckの白スニーカー

TOKYO SANDALのダブルモンクサンダル
一生モノです!はき心地がスバラシイ

うすっぺらいのがカワイイ

ブランド名がわからず...
BASIC AND ACCENTで購入した革トートBag

25歳くらいの誕生日に自分で自分に買った宝物。私にとっては他のどんなブランドより至上最高品なので一生使うつもり。

TID Watchesの時計

昔から季節が変わるたびに断捨離するので小物がタヒいですね

4 seasonコーデ

～こんな格好をしているよ～

わたしコーデ

- BEAMS BOY
- niko and...
- GALERIE VIE
- MACPHEE
- Studio CLIP
- FJALL RAVEN
- FilMelange
- TOMORROW LAND
- TOMORROW LAND
- FREAK'S STORE
- Felissimo
- LEVI'S
- merlot
- deck
- TOKYO SANDAL
- deck

Spring　　**Summer**　　**Autumn**　　**Winter**

旦那コーデ

- pataloha
- NEW ERA
- pataloha
- NEW ERA
- MOSCOT
- NEW ERA
- NEW ERA
- FilMelange
- LEVI'S
- PORTER × A BATHING APE
- FilMelange
- グラミチ
- エメリカ × MWAM
- mercibeaucoup.
- LEVI'S
- TOKYO SANDAL
- ROLLING DUB TRIO

旦那も
おしゃれが
好きで、
こだわりが
しっかりある人。

ふたりとも おしゃれが 好きなので よく一緒に お買いもの 行きます。
似合う、似合わないを ハッキリ言ってくれるので いつも 助かります。

生活のこと。

目々のルーティーン

仕事の都合上、不規則になりがちですが自分が好きなこと、
心地良いと感じられることは毎日続けられています。

起きたらまず
白湯を飲む

白湯専用に
しているムスッと
ムーミンマグ(かわ
いい)

小鍋で
15分
グツグツ

まず胃に入れるのは
バナナヨーグルト

毎日食べるので、週1の
買い出しでヨーグルトも
バナナも2つずつ買います

植物を
ながめる

今はアボカドの
再生栽培が楽しいです
形が面白いのでサボテンが
好き

おフロ後のストレッチ

パジャマには
こだわりがなく、
ユニクロさんの
メンズ
(しかもワゴンSALE品)

ひねって
います

"ながら"じゃないと
続かない性格らしく、
いつも歯をみがきながら
やっています

寝る前の日記

かれこれ5年くらい続けている
習慣。2~3項目くらいに
限定して、その日印象に残った
ことを記録しています

好きなことたち

食べること

定食が
ワンプレート
が
好き

キッシュ
LOVE

コーヒーはブラック派

出かけたら おいしいものを
食べたい。和食とか
カフェが 好きです

映画

子どもの頃から 映画好き。ホラーとかSFとか
なんでも 観ます。わくわくも 感動も 与えて
くれて、時には 歴史を 知れたり 人生の
指標と なるものに 出会えたりする。この
文化が 大好きなのです

料理

よく作る
メニューたち

オムライス

親子丼

和食

サバが
好き

週に一度は
『お魚デー』を
つくってます

食べることが好き、の
延長で 作ることも 好きです

旅行, 遠出

好奇心 旺盛な 夫婦なので
いつでも いろんな所に 行きたい。
県内だと 尾道、県外だと 大阪・
京都が ふたりの お気に入り

··· おわりに ···

昔は「いつでもおしゃれで完ぺきな私でいたい」と思っている時期もありました。

でも今、おしゃれはTPOで楽しみたいと思っています。

いつも完ぺきでいる必要はない。

会う人や、その日の予定に合わせた格好が、

一番自分がごきげんに過ごせると気付きました。

趣味としてずっと描き続けていた、

街で見かけたおしゃれさんたちを集めた本書。

私自身がときめいた人たちなので、私の偏愛たっぷりになっているかもしれません。

そんな私好み120%の本ですが、ほんのひとときの娯楽に、

明日からのお洋服選びの参考に、少しでもみなさんの毎日に

ワクワクが増えたらうれしいなぁ、なんて思います。

街ゆくおしゃれさんたちにときめきをもらいながら、

これからも描き続けていきたいです。

aya.m

See you on the street...

STAFF

アートディレクション／江原レン（mashroom design）
デザイン／神尾瑠璃子、佐橋美咲（mashroom design）
編集／布施京子、佐藤弘和（扶桑社）
校正／小出美由規
協力／株式会社三栄 『FUDGE.jp』

街で目がいく人のオシャレのひみつ
ーわたしを楽しむコーデブックー

発行日	2021年3月23日　初版第1刷発行

著者	aya.m
発行者	久保田榮一
発行所	株式会社 扶桑社
	〒105−8070
	東京都港区芝浦I−1−1　浜松町ビルディング
	電話　03-6368-8870（編集）　03-6368-8891（郵便室）
	www.fusosha.co.jp

印刷・製本	図書印刷株式会社

©aya.m 2021 Printed in Japan
ISBN　978-4-594-08747-0

定価はカバーに表示してあります。
造本には十分注意しておりますが、落丁・乱丁（本のページの抜け落ちや順序の間違い）の場合は、小社郵便室宛にお送りください。
送料は小社負担でお取り替えいたします（古書店で購入したものについては、お取り替えできません）。
なお、本書のコピー、スキャン、デジタル化等の無断複製は著作権法上の例外を除き禁じられています。
本書を代行業者等の第三者に依頼してスキャンやデジタル化することは、たとえ個人や家庭内での利用でも著作権法違反です。